O JEJUM

UM LUGAR DO SOBRENATURAL

IRINEO GRUBERT

Coordenação Editorial | Silvana Barrozo
Talita Kume Assessoria Editorial
www.editorialtalitakume.com
Telefone: (47) 9 9145.3663

Projeto Gráfico | Jonatas Cunico

G855j
    Grubert, Irineo
        O jejum: o sacrifício que alcança o coração de Deus /
Irineo Grubert. 2. ed. Itajaí (SC): Talita Kume, 2019.
        58 p.

        1. Jejum – Lei espiritual. 2. Jejum – Significado. 3. Jejum
– Benefícios. 4. Jejum – Obediência a Deus. I. Título.

CDU 241.72

Ficha Catalográfica elaborada por:
Charles Rodrigues CRB 14°/870

Prefixo Editorial: 80838
Número ISBN: 978-65-80838-01-1
Título: O jejum: um lugar do sobrenatural
Tipo de Suporte: Papel

IRINEO GRUBERT

O JEJUM

UM LUGAR DO SOBRENATURAL

2ª Edição
2019

ÍNDICE

APRESENTAÇÃO

Hoje em dia, muito se fala em jejum. As pessoas têm deixado de comer algum alimento ou têm-se privado de alguma coisa que gostam muito, pensando em agradar a Deus.

O jejum é, realmente, uma ordenança e nos faz ter mais intimidade com Deus, mas é preciso que tenhamos um conhecimento real sobre esta prática, para não apenas mortificarmos o corpo sem atingirmos o objetivo maior que é chegar ao coração do Pai

Saiba, através deste livro, o que é jejum, quais os tipos de jejum, o tempo que se deve jejuar, os seus benefícios e qual é o jejum que verdadeiramente agrada a Deus.

Que Deuis abençoe!

INTRODUÇÃO

O que é jejum ?

Quando pensamos em jejum, imediatamente imaginamos ser uma luta nossa contra a geladeira.

Pensamos que temos de amarrar, em nome de Jesus, tudo o que é bom e agradável para comer naquele dia, mas não é o correto, porque após o jejum comeremos esta comida. Nem a geladeira, nem a comida são o diabo, principalmente porque, nós não vamos comer o diabo depois que encerrarmos o jejum.

O jejum não é apenas deixar de comer, não é apenas abstinência de alimento, pois hoje existem coisas que fazem mais mal às pessoas do que comida.

O jejum não pode ser feito com o objetivo de martirizar o corpo, mas para nos aproximar de Deus, nos levar a um nível de maior intimidade com Ele.

O jejum e o ensinamento sobre ele na Palavra de Deus têm muita implicação a respeito do mover de Deus sobre uma nação, igreja ou ministério.

É uma lei espiritual, assim como adoração, meditação na palavra e oração. Todas essas leis espirituais nos conduzem à presença de Deus para que Ele nos transforme e nos leve a uma vida de santidade e de intimidade com Ele. A Bíblia diz que sem santidade ninguém verá o Senhor.

O jejum é uma arma de guerra ofensiva que podemos usar para derrubarmos a fortaleza de Satanás.

O SIGNIFICADO DO JEJUM

Jejum tem dois significados: literalmente quer dizer abster-se (físico) e espiritualmente, entregar-se (emocional).

Deus mandou que a nação de Israel deixasse de comer e trabalhar durante um dia na semana. Não poderiam também ocupar a mente e a vida com nada. Esse dia (sábado) deveria ser dedicado à Palavra de Deus exclusivamente.

"E isto vos será por estatuto perpétuo: no sétimo mês, aos dez do mês, afligires as vossas almas, e nenhum trabalho fareis nem o natural nem o estrangeiro que peregrina entre vós."

"Porque naquele dia se fará expiação por vós, para purificar-vos; e sereis purificados de todos os vossos pecados perante o SENHOR".

"É um sabado de descanso para vós, e afligires as vossas almas; isto é estatuto perpétuo."

LEVÍTICO 16:29-31

Israel não obedeceu e mais tarde vieram as conseqüências.

Hoje podemos nos abster de muitas coisas para podermos crescer nas coisas de Deus e no conhecimento delas.

Jejuar é se privar de algo, principalmente do que está nos tirando da presença de Deus. É sair da dimensão da terra e entrar na dimensão do céu. Jejuar, é deixar de alimentar o corpo, para enfraquecer a carne e vivificar o espírito.

A televisão, a internet, as leituras fora da Palavra de Deus, os passeios, as compras, dão prazer à nossa alma ou à nossa carne, mas não nos edificam. Tudo isto, usado de maneira errada pode nos fazer mal, pode contaminar a nossa mente, por isso é necessário fazermos um jejum deixando tudo de lado por um tempo.

Existem jejuns que não têm nenhum valor, que não têm benefício algum.

Houve um período em que o povo jejuava e Deus não os ouvia, como ficou registrado no livro do profeta Isaías.

> *"...Por que jejuamos nós, e tu não atentas para isso? Por que afligimos as nossas almas, e tu não o sabes? Eis que no dia em que jejuais achais o vosso próprio contentamento, e requereis todo o vosso trabalho.*

> *"Eis que para contendas e debates jejuais, e para ferirdes com punho iníquo; não jejueis como hoje, para fazer ouvir a vossa voz no alto.*

ISAÍAS 58:3-4

Apenas ficar sem comer não implica em nenhum benefício espiritual para nós. Jesus disse que há jejuns que não funcionam, servindo apenas como martirização do corpo e não para ter uma comunhão com Deus.

> *"E, quando jejuardes, não vos mostreis contristados como os hipócritas; porque desfiguram os seus rostos, para que aos homens pareça que jejuam. Em verdade vos digo que já receberam o seu galardão".*

MATEUS 6: 16

Há pessoas que jejuam muito e não conseguem alcançar o seu objetivo. Jejuam procurando mudar a Deus, tentando movê-lo, mas Deus não se move da verdade. Ele se move dentro da verdade. Deus não vai se mover se estivermos jejuando por um conceito errado, além do que a Bíblia diz que Ele é imutável e nem sombra de variação há nEle.

> *"Toda a boa dádiva e todo o dom perfeito vem do alto, descendo do Pai das luzes, em quem não há mudança nem sombra de variação".*
>
> **TIAGO 1:17**

A maioria das religiões e filosofias entendem que o imperfeito vai se aperfeiçoando, como se nós, que somos imperfeitos, pudéssemos mudar a Deus que é perfeito. No cristianismo, ao contrário, sabemos que o perfeito (Deus) é que muda o imperfeito (nós).

Deus é quem dita as regras para nós e não nós para Ele. Cabe a nós, apenas obedecermos.

TEMPO DE DURAÇÃO DO JEJUM

Não existe uma duração específica para o jejum. O importante é que durante esse tempo sejamos humildes o suficiente para nos entregarmos a Deus.

As pessoas se confundem a respeito de humildade, julgando que é o estado físico que a traz. A humildade é um estado de coração.

Há quem possa andar com roupas rasgadas e não ser humilde ou pode ser humilde mesmo sendo rico. Não são as roupas físicas que têm que ser rasgadas diante de Deus e sim os corações.

No passado, as pessoas, como sinal de arrependimento, na maioria das vezes, ao jejuarem, rasgavam suas vestes, trocavam-nas por pano de saco (um tecido grosseiro, sem nenhuma beleza, geralmente feito de pelo de cabra que simbolizava arrependimento interno) e assentavam-se em cinzas.

Mas o Senhor os advertiu, dizendo, através do profeta Joel:

> *"...Convertei-vos a mim de todo o vosso coração; e isso com jejuns, e com choro, e com pranto."*

> *"E rasgai o vosso coração, e não as vossas vestes, e convertei-vos ao SENHOR vosso Deus; porque ele é misericordioso, e compassivo, e tardio em irar-se, e grande em benignidade, e se arepende do mal."*

JOEL 2:12-13

O profeta reinvindica corações contritos e quebrantados.

Se os israelitas se apartassem de seus pecados e se voltassem para Deus, Ele teria misericórdia do povo.

É caracteristica básica do Senhor mostrar-se misericoridoso e compassivo para com os seus, se estes se arrependerem sinceramente de seus maus caminhos.

Existem, nas religiões, muitas pessoas pedindo de forma errada. Têm até uma boa fé, mas é uma fé errada. Pedem para estátuas que não podem nada... Dobram-se de joelhos com fé, mas jamais vão receber o benefício, porque Deus não responde o pedido feito dessa maneira.

Em nosso meio encontramos muitos crentes que só se dobraram um dia, de joelhos, não por serem humildes de coração, não porque podem rasgar seus corações e mostrarem quem são para Deus, mas porque têm problemas. O que os faz ajoelhar não é a condição de seus corações e sim seus problemas, como aqueles que se ajoelham diante de um "santo".

Infelizmente, o que faz muitos crentes se ajoelharem, não é a verdadeira humildade e sim um verdadeiro problema.

Jejuar é entregar-se para Deus.

O jejum pode durar uma noite, como o fez Dario, quando Daniel foi lançado na cova dos leões.

> *"Então o rei se dirigiu para o seu palácio, e passou a noite em jejum, e não deixou trazer à sua presença instrumentos de música; e fugiu dele o sono".*
>
> **DANIEL 6:18**

Pode ser feito também por um dia como Esdras.

"Então apregoei ali um jejum junto ao rio Aava, para nos humilharmos diante da face de nosso Deus, para lhe pedirmos caminho seguro para nós, para nossos filhos e para todos os nossos bens."

"Porque tive vergonha de pedir ao rei, exército e cavaleiros para nos defenderem do inimigo pelo caminho; porquanto tínhamos falado ao rei, dizendo: A mão do nosso Deus é sobre todos os que o buscam, para o bem deles; mas o seu poder e a sua ira contra todos os que o deixam.

"Nós, pois, jejuamos, e pedimos isto ao nosso Deus, e moveu-se pelas nossas orações".

ESDRAS 8:21-23

Assim como Deus atendeu, propiciamente, o pedido de Esdras, assim também Ele honrará todos aqueles que, com coração sincero, O buscam em oração e jejum.

Daniel jejuou por vinte e um dias.

"Naqueles dias eu, Daniel, estive triste por três semanas.

"Alimento desejável não comi, nem carne nem vinho entraram na minha boca, nem me ungi com ungüento, até que se cumpriram as três semanas".

DANIEL 10:2-3

Foi por buscar a Deus desta maneira que Deus revelou tanta coisa a Daniel e o usou de modo tão fantástico.

O jejum de Moisés durou quarenta dias e quarenta noites.

> *"E Moisés entrou no meio da nuvem, depois que subiu ao monte; e Moisés esteve no monte quarenta dias e quarenta noites".*
>
> **ÊXODO 24:18**

O mesmo aconteceu com Elias.

> *"Levantou-se, pois, e comeu e bebeu; e com a força daquela comida caminhou quarenta dias e quarenta noites até Horebe, o monte de Deus."*
>
> **I REIS 19:8**

Para fazer um jejum mais longo, é necessário que você consulte um médico.

O jejum, feito de maneira correta, nos leva a entender o mundo espiritual, saber que o nosso espírito está limpo, nascido de novo e com condições de fazer a obra que Deus nos confiou.

O tempo do jejum é o tempo em que Deus mostrará as coisas espirituais.

Não podemos jejuar para cair ouro em nossa cabeça, mas para sermos levados para dentro das coisas espirituais, para crescermos e sermos usados.

TIPOS DE JEJUM

O jejum pode ser normal, parcial ou absoluto.

Jejum normal é feito com a abstenção de todos os alimentos sólidos ou líquidos, mas não de água.

O jejum parcial é uma restrição alimentar e não uma abstenção total dos alimentos.

Daniel e seus companheiros fizeram esse tipo de jejum, alimentando-se apenas de legumes por dez dias.

"Experimenta, peço-te, os teus servos dez dias, e que se nos dêem legumes a comer, e água a beber."

DANIEL 1: 12

Jejum absoluto é feito com a abstenção tanto de alimentos, como de água. Normalmente este tipo de jejum não deve ir além de três dias, pois a partir daí o organismo se desidrata, o que é nocivo à saúde. Tanto Moisés como Elias fizeram jejum absoluto por 40 dias, mas sob condições sobrenaturais.

O jejum pode ser também individual ou coletivo.

Um grande exemplo de um jejum coletivo foi a igreja de Atos dos Apóstolos:

"E, servindo eles ao Senhor, e jejuando, disse o Espírito Santo: Apartai-me a Barnabé e a Saulo para a obra a que os tenho chamado.

"Então, jejuando e orando, e pondo sobre eles as mãos, os despediram."

ATOS 13:2-3

Também no livro de Ester, encontramos a rainha convocando os judeus a jejuarem por três dias, porque o seu povo estava em apuros. Com isso os planos do adversário foram frustrados.

"Vai ajunta a todos os judeus que se acharem em Susã, e jejuai por mim, e não comais nem

bebais por três dias, nem de dia nem de noite, e eu e as minhas servas também assim jejuaremos. E assim irei ter com o rei, ainda que não seja segundo a lei; e se perecer, pereci".

ESTER 4:16

O rei de Nínive proclamou um jejum nacional, trocou seus trajes reais por pano de saco, implorou a bondade de Deus e a cidade foi poupada da destruição.

"E os homens de Nínive creram em Deus; e proclamaram um jejum, e vestiram-se de saco, desde o maior até ao menor.

"Esta palavra chegou também ao rei de Nínive; e ele levantou-se do seu trono, e tirou de si as suas vestes, e cobriu-se de saco, e sentou-se sobre a cinza.

"E fez uma proclamação que se divulgou em Nínive, pelo decreto do rei e dos seus grandes, dizendo: Nem homens, nem animais, nem bois, nem ovelhas provem coisa alguma, nem se lhes dê alimentos, nem bebam água;

"Mas os homens e os animais sejam cobertos de sacos, e clamem fortemente a Deus, e convertam-se, cada um do seu mau caminho, e da violência que há nas suas mãos.

"Quem sabe se voltará Deus, e se arrependerá, e se apartará do furor da sua ira de sorte que não pereçamos?

"E Deus viu as obras deles, como se converteram do seu mau caminho; e Deus se arrependeu do mal que tinha anunciado lhes faria, e não fez".

JONAS 3:5-10

BENEFÍCIOS DO JEJUM

Naqueles dias em que nos abstemos de comida, da televisão ou da internet, devemos nos entregar totalmente a Deus, não para mudá-lo mas para sermos mudados por Ele, para sermos restaurados, para que conheçamos as coisas que Ele conhece e nós ainda não.

Se jejuarmos corretamente, teremos dois grandes benefícios: o espiritual que nos permitirá conhecer o mundo espiritual, e o emocional que nos tornará livres emocionalmente, com o caráter transformado.

BENEFÍCIO ESPIRITUAL

O benefício espiritual está relatado em Mateus 4:1-4.

"Então foi conduzido Jesus pelo Espírito ao deserto, para ser tentado pelo diabo.

"E, tendo jejuado quarenta dias e quarenta noites, depois teve fome;

"E, chegando-se a ele o tentador, disse: Se tu és o Filho de Deus, manda que estas pedras se tornem em pães.

"Ele, porém, respondendo, disse: Está escrito: Nem só de pão viverá o homem, mas de toda a palavra que sai da boca de Deus".

Este jejum só trouxe o benefício espiritual porque Jesus, apesar de ser homem, não tinha a mesma natureza que nós, não tinha a natureza pecaminosa dentro dEle. Ele não recebeu a natureza de Adão, pela queda.

Nós nascemos em iniqüidade e em pecado fomos formados, como Davi declara no Salmo 51:

"Tem misericórdia de mim, ó Deus, segundo a tua benignidade; apaga as minhas transgressões,

segundo a multidão das tuas misericórdias.

"Lava-me completamente da minha iniqüidade, e purifica-me do meu pecado.

"Porque eu conheço as minhas transgressões, e o meu pecado está sempre diante de mim.

"Contra ti, contra ti somente pequei, e fiz o que é mal à tua vista, para que sejas justificado quando falares, e puro quando julgares.

"Eis que em iniqüidade fui formado, e em pecado me concebeu minha mãe".

SALMO 51:1-5

O pecado e o desejo de pecar estão incutidos dentro do ser humano, passando de pai para filho, de geração a geração desde a queda do primeiro homem, Adão. Entretanto, Jesus, apesar de tornar-se ser humano, não nasceu em pecado nem do pecado. Ele nasceu da Palavra de Deus. Ele foi o cumprimento da promessa de Gênesis 3:15.

"E porei inimizade entre ti e a mulher, e entre a tua semente e a sua semente; esta te ferirá a cabeça, e tu lhe ferirás o calcanhar".

Deus enviou Jesus Cristo através de uma virgem, Maria, fazendo com que Ele se despojasse, se esvaziasse de toda a sua divindade e se tornasse o segundo Adão, pelo qual sairia o pecado do mundo.

"Não atente cada um para o que é propriamente seu, mas cada qual também para o que é dos outros.

"De sorte que haja em vós o mesmo sentimento que houve também em Cristo Jesus,

"Que, sendo em forma de Deus, não teve por usurpação ser igual a Deus,

"Mas esvaziou-se a si mesmo, tomando a forma de servo, fazendo-se semelhante aos homens;

"E, achado na forma de homem, humilhou-se a si mesmo, sendo obediente até à morte, e morte de cruz".

FILIPENSES 2:4-8

Jesus era um ser humano como nós, com a única e essencial diferença, ou seja, não tinha pecado, nem vontade de pecar, incutidos nEle.

Como as pessoas já têm o pecado dentro delas, Satanás não precisa tentá-las com com os olhos, entretanto, com Jesus ele precisou usar desse artifício. Jesus tinha 30 anos de idade e nenhum pecado.

Se Jesus começou a realizar milagres somente depois que foi cheio do Espírito Santo, quanto mais nós, pecadores, precisamos do Espírito Santo para podermos fazer qualquer coisa.

"E, sendo Jesus batizado, saiu logo da água, e eis que se lhe abriram os céus, e viu o Espírito de Deus descendo como pomba e vindo sobre ele.

"E eis que uma voz dos céus dizia: Este é o meu Filho amado, em quem me comprazo".

MATEUS 3:16-17

Somente depois que Jesus foi cheio do Espírito Santo é que começaram as realizações de Deus por Seu intermédio.

Jesus foi levado ao deserto porque, como homem, não tinha conhecimento nem compreensão do mundo espiritual.

O jejum, se feito corretamente, com os fundamentos corretos, nos leva a compreender o mundo espiritual e é por isso que talvez muitos de nós não o entendemos.

Muitas pessoas são ignorantes acerca das coisas espirituais e jejuam por bobagens, para mover Deus e não compreendem o âmago da questão.

Jesus ia enfrentar o mundo espiritual e precisava compreendê-lo, pois iria iniciar o seu chamado, o seu ministério. Para realizar a plenitude da vontade de Deus, Ele precisava compreender quem era Deus, quem eram os homens, quem eram os anjos do céu e quem era o diabo e seus anjos. Ele precisava conhecer, porque ia enfrentar tudo isso.

Nós, homens e mulheres, somos chamados hoje e não podemos pensar que o fato de levantarmos nossas mãos nos bancos das igrejas, pura e simplesmente, nos trará vitória.

Precisamos entender o mundo espiritual, porque vamos enfrentar as coisas espirituais. Tudo o que acontece no mundo físico é resultado do que já aconteceu no mundo espiritual.

Jesus foi levado ao deserto depois de haver jejuado corretamente e, a partir daí, Ele começou a conhecer, a entender e discernir as classes espirituais.

BENEFÍCIO EMOCIONAL

Não se jejua para aumentar a fé. Nós temos a fé que Deus nos deu para a nossa chamada, e ela está dentro de nós. A diferença, o problema é que não entramos na operação dessa fé. O jejum nos leva a justamente, entrarmos nesta operação da fé.

Os discípulos de João Batista inquiriram Jesus a respeito de jejum, perguntando: "Se nós e os fariseus jejuamos, porque Seus discípulos não jejuam?"

> *"Então, chegaram ao pé dele os discípulos de João, dizendo: Por que jejuamos nós e os fariseus muitas vezes, e os teus discípulos não jejuam?*

"E disse-lhes Jesus: Podem porventura andar tristes os filhos das bodas, enquanto o esposo está com eles? Dias, porém, virão, em que lhes será tirado o esposo, e então jejuarão".

MATEUS 9:14-15

Deus não condicionou à nação de Israel o jejum somente de alimentos.

Ele disse: "Vocês vão tirar um dia para absterem-se de suas atividades, não somente de comer, mas até mesmo de caminhar muito longe, dos trabalhos físicos, das conversas, absterem-se de tudo, para que nesse dia vocês fiquem totalmente inteirados das promessas de que Eu vou enviar um Redentor. Nesse dia voltem a ficar influenciados e encharcados pelas minhas promessas".

Israel jejuou, cumpriu isso, rigorosa e religiosamente, e a promessa veio, no entanto, eles não compreenderam. A promessa de Deus (Jesus) estava diante deles, caminhando, e Israel queria matá-la porque não entendeu, não buscou saber em Deus quem era Jesus. Eles simplesmente esperavam (e esperam) que seu Messias venha do jeito deles e não do jeito de Deus.

Jejum sem benefício, sem entendimento, jejum tentando mudar a Deus e não ser mudado por Deus é passar fome.

Quando jejuarmos voltemos a ficar influenciados por todas as promessas de Deus e encharcados pela Sua Palavra, pois a fé é pelo ouvir e o ouvir a Palavra de Deus.

> *"De sorte que a fé é pelo ouvir, e ouvir a palavra de Deus.*

ROMANOS 10:17

Os discípulos de Jesus não precisavam andar por fé, porque ouviam de modo natural a sua voz. Não foi difícil aceitarem o chamado para segui-Lo, porque eles O estavam vendo. Não era necessário ter fé, pois a fé não é por vista.

Jesus respondeu aos discípulos de João Batista que os Seus não jejuavam porque o noivo ainda estava com eles, e que depois eles jejuariam. Ele foi taxativo.

Jesus antes de partir disse: "Pedro você será pastor das minhas ovelhas, você vai curar os enfermos, vai pregar o evangelho, vai estabelecer o reino de Deus".

> *"E, depois de terem jantado, disse Jesus a Simão Pedro: Simão, filho de Jonas, amas-me mais do que estes? E ele respondeu: Sim, Senhor, tu sabes que te amo. Disse-lhe: apascenta os meus cordeiros".*

JOÃO 21:15

Pedro fica agora sem ver e sem ouvir Jesus através de seus olhos e ouvidos naturais e tem de obedecer à voz de Deus e fazer a vontade dEle. Entende, então, que só se ouve a voz de Deus no espírito e compreende que o jejum vai levá-lo a seguir o invisível, a Jesus Cristo.

Pedro havia nascido de novo e o jejum com este fim (ouvir e ver Jesus) estava incutido nele. Ele havia realmente aprendido.

A maioria das pessoas quer seguir a Cristo pela mente, pela razão, mas só se pode ouvir a voz de Deus pelo espírito, no coração.

Precisamos aprender a olhar para Jesus com o coração, isto é, com o espírito.

Há pessoas que dizem: "Pastor, não consigo jejuar!" Se isso ocorre, então, têm que nascer de novo, indiferente de serem pastores, obreiros ou professores de escola docminical. Os discípulos de Jesus devem e têm de jejuar, não há 'talvez' ou 'quem sabe'. A Bíblia diz jejuarão, e isso é uma ordem.

Discípulo significa seguidor disciplinado pela Palavra de Deus. Se somos discípulos, jejuamos; se não jejuamos, não somos.

Se quisermos ter sucesso, se quisermos crescer no chamado de Deus, temos de começar a abster-nos de muitas coisas que estão levando nossa carne a tomar conta das nossas vidas, temos de nos abster de tudo o que está nos roubando dEle.

Talvez não seja apenas um prato de comida que nos rouba do conhecimento de Deus.

Se não jejuarmos, nada será suficiente para nós, cultos, cruzadas, nem campanhas ou congressos. Tudo passará e não nos trará benefício algum.

É o jejum que nos fará pessoas firmes em Deus, para reconhecermos quando é o diabo que está vindo e não o Espírito Santo ou o homem.

Jesus disse que quando Ele fosse nós jejuaríamos e jejuaríamos porque é aí que existe o benefício emocional.

> *"Ninguém deita remendo de pano novo em roupa velha, porque semelhante remendo rompe a roupa, e faz-se maior a rotura.*
>
> *"Nem se deita vinho novo em odres velhos; aliás rompem-se os odres, e entorna-se o vinho, e os odres estragam-se; mas deita-se vinho novo em odres novos, e assim ambos se conservam".*

MATEUS 9: 16-17

> *"E, quando jejuardes, não vos mostreis contristados como os hipócritas; porque desfiguram os seus rostos, para que aos homens pareça que jejuam. Em verdade vos digo que já receberam o seu galardão.*
>
> *"Tu, porém, quando jejuares, unge a tua cabeça, e lava o teu rosto,*

"Para não pareceres aos homens que jejuas, mas a teu Pai, que está em secreto; e teu Pai, que vê em secreto, te recompensará publicamente".

MATEUS 6:16-18

Nesses textos Jesus está mostrando porque nós devemos jejuar. Temos uma natureza pecaminosa, desejosa do pecado.

Quando Jesus diz: *não se põe vinhos novos em odres velhos*, está se referindo à manipulação do Espírito Santo.

Antigamente, nos tempos de Jesus, colocava-se vinhos em bolsas de couro e estas deixavan de ter sua elasticidade, quando perdiam sua umidade e ficavam secas. Se colocassem vinhos novos dentro delas, os quais têm fermentação e por isso 'trabalham', es-tando elas secas, com esse 'trabalhar' da fermentação do vinho, fatalmente se abriria uma parte das bolsas e o vinho seria todo derramado.

Jesus quis dizer que nosso corpo, que nós, somos os odres e o vinho é o Espírito Santo de Deus, então, não se põe a presença de Deus num corpo emocional não tratado.

Nós somos os odres. Este é o porque do jejum. É a entrega ao Espírito Santo. Quando estamos jejuando, somos tratados, somos manipulados para podermos receber novamente o vinho, ou seja, o Espírito Santo de Deus

As bolsas de couro eram manipuladas dentro do óleo para que novamente lhes voltasse a umidade. O óleo servia para permear toda a bolsa, devolvendo-lhe a elasticidade e permitindo que ela, novamente, pudesse receber vinho novo e este vinho pudesse ficar trabalhando na sua elasticidade, readquirida com o óleo.

Assim somos nós. Quantos homens e mulheres de Deus, contemporâneos nossos, que profetizavam, que eram usados por Deus para realizarem milagres, para promoverem salvação e hoje estão caídos por causa do pecado. E nós nos perguntamos: "Como pode ser? Quem os usava? Era Deus?" Sim era Deus que os usava, entretanto, estes homens e mulheres não trataram de suas emoções, do seu caráter, não deixaram o Espírito Santo limpar a sujeira que havia dentro deles. O odre não foi tratado e tendo perdido a elasticidade, deixaram escorrer o vinho (Espírito Santo) e hoje estão secos.

Deus, que está em secreto, vê o que está em secreto.

Existem coisas que nem nós sabemos que estão dentro de nós. São sujeiras que adquirimos um dia, através de nossas almas, de nossas emoções e nem percebemos, mas não obstante a isso, está dentro de nós e um dia, certamente se manifestará.

Davi, o rei, viu o inimigo exterior, que era um gigante (Golias) e o derrotou, no entanto, aquelas coisas que estavam escondidas dentro dele, que eram muito maiores do que as que estavam fora, ele não as viu. Não pôde matar sua própria natureza (porque ele não conheceu nem aceitou a Jesus Cristo como nós...) e por isso foi morto por ela.

Um dia, ao invés de orar, foi olhar o que não devia, ou seja, uma mulher tomando banho de sol. Naquele momento o inimigo dentro dele se manifestou.

> *"E aconteceu que numa tarde Davi se levantou do seu leito, e andava passeando no terraço da casa real, e viu do terraço a uma mulher que se estava lavando; e era esta mulher mui formosa à vista.*

> *"E mandou Davi indagar quem era aquela mulher; e disseram: Porventura não é esta Bate-Seba, filha de Eliã, mulher de Urias, o heteu?*

> *"Então enviou Davi mensageiros, e mandou trazê-la; e ela veio, e ele se deitou com ela (pois já estava purificada da sua imundícia); então voltou ela para sua casa".*

> **II SAMUEL 11:2-4**

Ele matou o inimigo que viu, mas foi vencido pelo que não viu, que era ainda maior.

Antes de ser rei, Davi lutava contra leões e ursos, defendendo suas ovelhas, adorava a Deus e compunha músicas e salmos. Não tinha tempo para o pecado.

Isto acontece hoje, com os novos convertidos que só querem trabalhar para Jesus e não dão espaço para o pecado, mas quando chegaram a ser líderes, vão deixando de buscar a Deus, vão vendo outras coisas e se distanciando de sua primeira motivação, o propósito pelo qual foram criados, ou seja, o louvor da glória de Deus.

Davi passou pouco tempo com as bênçãos de Deus e a maior parte de sua vida só foi tragédia. Ele escreveu coisas maravilhosas e todas foram registradas para que nunca cometêssemos os mesmos erros.

Urias, o esposo daquela mulher, era fiel e amigo do rei Davi. Veio da guerra e, ao ser mandado para casa, era tão nobre que recusou-se a dormir com sua mulher, no conforto de sua cama, sabendo que seus amigos estavam na batalha. Dormiu na porta do palácio para, no dia seguinte, voltar à peleja. Davi, que não se sabia tão mal, como nós também não sabemos o quanto somos maus, mandou uma carta ao comandante do seu exército para que colocasse Urias na linha de frente e não teve remorso nenhum. Uma carta de morte ao mensageiro da mesma, que tinha o grave erro de ser marido da sua amante. Colocou a malfadada carta dentro do bolso daquele a quem acabava de sentenciar à morte e o despediu.

Dias depois, quando o profeta Natã (II Samuel 12) vem e cobra uma explicação de Davi, perguntando o que deve ocorrer a um homem, que tendo tudo rouba a única ovelha de um outro homem pobre e miserável, este diz que este homem era mau e deveria morrer. O profeta, diante da resposta, diz que esse homem mau era ele mesmo, o próprio rei Davi, entretanto nem mesmo assim Davi acorda.

"Porque, pois, desprezaste a palavra do SENHOR, fazendo o mal diante de seus olhos? A Urias, o heteu, feriste à espada, e a sua mulher tomaste por tua mulher; e a ele mataste com a espada dos filhos de Amom.

"Agora, pois, não se apartará a espada jamais da tua casa, porquanto me desprezaste, e tomaste a mulher de Urias, o heteu, para ser tua mulher.

"Assim diz o SENHOR: Eis que suscitarei da tua própria casa o mal sobre ti, e tomarei tuas mulheres perante os teus olhos, e as darei a teu próximo, o qual se deitará com tuas mulheres perante este sol.

"Porque tu o fizeste em oculto, mas eu farei este negócio perante todo o Israel e perante o sol.

"Então disse Davi a Natã: Pequei contra o SENHOR. E disse Natã a Davi: Também o SENHOR perdoou o teu pecado; não morrerás".

II SAMUEL 12:9-13

Às vezes, vamos por caminhos que fazem com que não entendamos mais quem somos ou até fazem com que nos tornemos muito piores do que já somos ou imaginamos que somos. Isso ocorre por causa das coisas ocultas dentro de nós.

Acontecem tragédias e tragédias dentro das igrejas. Ministérios se matam e falam de amor no púlpito. Estão para matar o dia todo, mandando recados de morte e não sabem que estão morrendo e se destruindo.

Davi sentenciou-se a si mesmo.

Em II Samuel 13, uma das filhas de Davi (Tamar) foi estuprada por outro filho seu (Amnon) que, por vingança, é morto por um outro filho (Absalão). Absalão faz seu pai sair de casa e correr por toda Israel, como um cachorro, se escondendo em cavernas. Os soldados de Davi que recebem a incumbência de proteger este filho (Absalão) que o está perseguindo-o, matam-no e Davi precisa chorar a desgraça de Tamar e a morte de Amnom e de Absalão (seu primogênito).

> *"Porém ele não quis dar ouvidos à sua voz; antes, sendo mais forte do que ela, a forçou, e se deitou com ela".*
>
> **II SAMUEL 13:14**

> *"E Absalão deu ordem aos seus servos, dizendo: Tomai sentido; quando o coração de Amnom*

estiver alegre do vinho, e eu vos disser: Feri a Amnom, então o matareis; não temais: porque porventura não sou eu quem vo-lo ordenei? Esforçai-vos, e sede valentes".

II SAMUEL 13:28

"Disse, pois, Davi a todos os seus servos que estavam com ele em Jerusalém: Levantai-vos, e fujamos, porque não poderíamos escapar diante de Absalão. Dai-vos pressa a caminhar, para que porventura não se apresse ele, e nos alcance, e lance sobre nós algum mal, e fira a cidade a fio de espada".

II SAMUEL 15:14

"E o cercavam dez moços, que levaram as armas de Joabe. E feriram a Absalão, e o mataram".

II SAMUEL 18:15

"Então o rei se perturbou, e subiu à sala que estava por cima da porta, e chorou; e andando, dizia assim: Meu filho Absalão, meu filho, meu filho, Absalão! Quem me dera que eu morrera por ti, Absalão, meu filho, meu filho!"

II SAMUEL 18:33

Você quer ter uma vida assim?

Eu quero ler, ouvir e entender muito bem o que Davi escreveu porque não quero passar o que ele passou.

Quase toda vida familiar de Davi foi uma desgraça. Assim é a vida familiar de muitos homens de Deus. Existem muitas coisas erradas e escondidas dentro das igrejas e o jejum vem para libertar exatamente essas coisas.

Não podemos matar somente os inimigos exteriores. Os demônios não são as exteriorizações pecaminosas, são as raízes desse pecado, que estão por dentro.

A evidência do que está dentro pode ser enganosa. É muito fácil um pecador se passar por "santo", fingir santidade, só que um dia essa máscara cai porque o que vem de dentro sobrepõe o que está por fora.

É uma ilusão acharmos que andar maltrapilho nos traz santidade. Se Deus não arrumar nosso coração, podemos nos remodelar por fora como quisermos e ainda assim seremos tão sujos quanto a sujeira que há dentro. As coisas podem até ficar ocultas por um tempo, mas estarão lá.

O jejum nos faz saber de onde viemos, em que mundo fomos criados, quem nós fomos e quem somos. Quando Deus nos salvou, em parte sabíamos como estavam nossas emoções, quais sujeiras haviam dentro de nós. Quantas e quantas vezes não queríamos ser o que éramos e tínhamos que disfarçar não podendo ser fiéis e santos em certos lugares e situações.

Aquilo que está oculto dentro de nós está nos matando, mas nos períodos de jejum, um após outro, abstendo-nos, temporária ou permanentemente de tudo o que nos rouba de Deus, trocando tudo isso para estar com Ele em oração, essas coisas ocultas serão reveladas e desfeitas. Se não deixarmos Deus mexer dentro do nosso íntimo e tirar, exatamente, todas essas coisas ocultas, isso vai nos matar.

Podemos representar diante das pessoas, não por muito tempo, no entanto jamais podemos representar diante de Deus. De duas coisas nunca fugiremos: a consciência de Deus e a nossa própria consciência. Deus só poderá limpar nosso pecado da consciência dEle quando puder limpá-lo da nossa consciência. Aí é que está o perdão.

Se deixarmos que Deus mexa conosco, que nos deixe limpos de todas essas coisas, que nos faça homens e mulheres livres, Ele poderá então, nos usar, não só por um mês ou um ano, mas por toda a nossa vida aqui na Terra. Assim, tudo o que Ele já havia planejado para nós se cumprirá e todas as promessas descritas na bíblia tornar-se-ão realidade, pois isso é o desejo do seu coração.

CLASSES ESPIRITUAIS

Existem somente quatro classes espirituais: o Espírito de Deus; o espírito humano; o espírito do diabo e seus anjos (espíritos caídos); e os anjos celestiais.

A primeira foi o Espírito Santo de Deus que veio sobre Ele.

E não há nenhum outro espírito, em toda a Bíblia, chamado de Santo.

Nós precisamos aprender a reconhecer quando é Ele que vem sobre nossa vida.

Não podemos produzir santidade em nós mesmos, no entanto, somos santificados pelo único que é Santo, o Espírito de Deus.

A segunda classe espiritual que Jesus compreendeu foi o Seu espírito humano. Ele sabia que não era apenas um pedaço de carne, mas que nEle havia uma eternidade espiritual. Ao receber o Espírito de Deus no Seu espírito humano Ele compreendeu, espiritualmente, não mentalmente, que Deus estava chamando-o a abster-se de certas coisas da vida para compreender o grande chamamento que havia sobre Ele.

Se não compreendermos que somos um espírito humano, sempre vamos andar só na mente, na força do nosso conhecimento natural e qualquer demônio tem mais sabedoria do que o homem, como está escrito no livro dos Salmos poderá nos derrubar. Porém, em autoridade em Cristo Jesus, somos maiores que o maior deles.

Não se pode vencer o diabo com a mente humana, mas somente com a mente de Cristo, que está dentro de nós.

Tendo compreendido essas duas classes espirituais, Jesus pôde entender quem Ele era e onde Deus se manifestava.

Se Jesus vivesse hoje, certamente, seria taxado de feiticeiro por muitos grupos religiosos, porque, segundo a Bíblia, antes que as pessoas falassem, Ele já sabia o que estava no coração delas e respondia.

"Então, retirando-se os fariseus, consultaram entre si como o surpreenderiam nalguma palavra;

"E enviaram-lhe os seus discípulos, com os herodianos, dizendo: Mestre, bem sabemos que és verdadeiro, e ensinas o caminho de Deus segundo a verdade, e de ninguém se te dá, porque não olhas a aparência dos homens.

"Dize-nos, pois, que te parece? É lícito pagar o tributo a César, ou não?

"Jesus, porém, conhecendo a sua malícia, disse: Por que me experimentais, hipócritas?

"Mostrai-me a moeda do tributo. E eles lhe apresentaram um dinheiro.

"E ele diz-lhes: De quem é esta efígie e esta inscrição?

"Dizem-lhe eles: De César. Então ele lhes disse: Dai pois a César o que é de César, e a Deus o que é de Deus.

"E eles, ouvindo isto, maravilharam-se, e, deixando-o, se retiraram".

MATEUS 22:15-22

Como Ele podia fazer isso? Como Cristo, Filho de Deus? Não! Ele entendia tudo isso como Jesus Cristo de Nazaré, um homem, como nós, como o ungido de Deus.

Jesus era filho de Deus e nós também o somos e o mesmo Espírito que estava sobre Ele está sobre você e sobre mim. Se nós também distinguirmos duas classes espirituais, poderemos conhecer coisas sobrenaturais como Ele.

Jesus não precisava de uma reconstituição interior na Sua mente, no entanto, precisava entender o mundo espiritual, para vencer.

A terceira classe espiritual que Jesus compreendeu foi o espírito do diabo e de seus anjos.

A maioria das pessoas e dos ministérios não sabe quando é Deus, quando é o homem nem quando é o diabo. Jesus soube discernir em cada etapa de Seu ministério, de Sua chamada, quando era Deus, quando eram os homens e quando era o diabo.

Quem não compreende estas classes espirituais confunde o Espírito de Deus com o espírito humano ou, o que é pior, com o espírito maligno, o diabo. Não sabe discernir e pensa que as portas do inferno são portas que Deus abriu. Não percebe quando o diabo chega.

Em Mateus 16:13-23 Jesus discerniu quando o homem Pedro falou, quando o Espírito de Deus falou por ele e também quando o diabo estava usando-o.

"E, chegando Jesus às partes de Cesaréia de Filipe, interrogou os seus discípulos, dizendo: Quem dizem os homens ser o Filho do homem?

"E eles disseram: Uns, João o Batista; outros, Elias; e outros, Jeremias, ou um dos profetas.

"Disse-lhes ele: E vós, quem dizeis que eu sou?

"E Simão Pedro, respondendo, disse: Tu és o Cristo, o Filho do Deus vivo.

"E Jesus, respondendo, disse-lhe: Bem-aventurado és tu, Simão Barjonas, porque to não revelou a carne e o sangue, mas meu Pai, que está nos céus.

"Pois também eu te digo que tu és Pedro, e sobre esta pedra edificarei a minha igreja, e as portas do inferno não prevalecerão contra ela;

"E eu te darei as chaves do reino dos céus; e tudo o que ligares na terra será ligado nos céus, e tudo o que desligares na terra será desligado nos céus.

"Então mandou aos seus discípulos que a ninguém dissessem que ele era Jesus o Cristo.

"Desde então começou Jesus a mostrar aos seus discípulos que convinha ir a Jerusalém, e pade-

cer muitas coisas dos anciãos, e dos principais dos sacerdotes, e dos escribas, e ser morto, e ressuscitar ao terceiro dia.

"E Pedro, tomando-o de parte, começou a repreendê-lo, dizendo: Senhor, tem compaixão de ti; de modo nenhum te acontecerá isso.

"Ele, porém, voltando-se, disse a Pedro: Para trás de mim, Satanás, que me serves de escândalo; porque não compreendes as coisas que são de Deus, mas só as que são dos homens".

O diabo tem matado pessoas com profecias que elas pensam ser de Deus.

Aprenda a discernir quando é Deus, quando é o homem e quando é o diabo!

Quando estivermos jejuando, não só precisamos como temos de nos abster das coisas que estão nos roubando de Deus e nos entregarmos a Ele, para que conheçamos as coisas de maneira espiritual e possamos ter sucesso na nossa chamada, seja ela qual for.

As pessoas imaginam o diabo como um ser vermelho, com chifres, rabo e um tridente nas mãos para matar e roubar, mas ele nunca aparece assim. A Bíblia diz que ele se transforma até em anjo de luz.

"E não é maravilha, porque o próprio Satanás se transfigura em anjo de luz".

II CORÍNTIOS 11:14

Ele soube que Jesus estava com fome e "ofereceu-lhe" pão. Isso parecia bom! Depois de quarenta dias sem comer, transformar pedras em pães era um alto negócio, um negócio bom e saudável.

O interessante não é, nem nunca será a proposta, mas é saber quem está por traz da proposta.

Encontramos muitas pessoas que aceitam todas as propostas que o diabo faz, e julgando que são de Deus. Dizem que Deus abriu a porta, mas, na verdade, foi o diabo. E o resultado é a derrota.

"A bênção do SENHOR é que enriquece; e não traz consigo dores".

PROVÉRBIOS 10:22

Enquanto não compreendermos quem está por traz das propostas não teremos vitórias.

Jesus disse ao diabo: "Eu sei que Sou Filho de Deus e sei também que está escrito que posso transformar pedras em pães, mas uma coisa que você, diabo, não sabe, e que Eu sei, é que Eu só vou ouvir a palavra que sair da boca de Deus e não da sua".

Os cristãos têm que entender de onde vem a palavra.

O falso profeta não está falando de revistas e gibis. Está pregando com a Bíblia na mão.

A maioria dos centro espírita prega a Bíblia. Temos de saber quando vem da boca de Deus para, só então, ouvirmos. Ser um ignorante espiritual é o caminho para a derrota. Mesmo que você tenha uma boa cabeça, será derrotado.

Jesus entendendo isso, disse que nem só de pão vivia o homem, mas de toda palavra que sai da boca de Deus. Foi nesse momento que Ele venceu o diabo.

O diabo está sempre nos oferecendo alguma coisa e nós precisamos aprender a dizer: "Não! Eu só aceito o que vem da parte de Deus!"

Para nos envolvermos no mundo espiritual temos de conhecê-lo.

Existem muitas pessoas envolvidas em batalha espiritual, no entanto, estão cheias de demônios no casamento, nos negócios, na vida em geral. Repreender coisas mortas não tem ação contra o diabo. Qualquer ação contra ele somente é válida se formos livres e entendermos as maneiras como opera.

A quarta classe espiritual que Jesus compreende são os anjos celestiais.

> *"Não são porventura todos eles espíritos ministradores, enviados para servir a favor daqueles que hão de herdar a salvação?"*
>
> **HEBREUS 1:14**

A igreja primitiva os conhecia muito bem.

Hoje, encontramos muitas doutrinas a respeito dos anjos. A igreja primitiva não tinha nenhuma doutrina, tinha, sim, uma ação a respeito deles.

Os anjos celestiais foram dados por Deus para estarem a serviço da igreja.

No dia que esse entendimento for real, teremos novamente uma ação de Deus, liberando-os para que, quando nós orarmos, eles abram as prisões, livrem as pessoas de mortes e evitem tragédias.

A igreja precisa conhecer as operações dos anjos os quais são enviados para socorrê-la e ministrar a seu favor.

Jesus conhecia o Espírito Santo e conhecia o Seu espírito humano. Ele sabia que o Seu espírito deveria obedecer ao Espírito de Deus. Quando se encontrou com o diabo, reconheceu-o como espírito maligno, passou por ele e, então, os anjos de Deus vieram e O serviram.

A igreja primitiva entendia bem sobre os anjos de Deus e suas operações. A igreja de hoje só faz músicas sobre este assunto. Há uma grande diferença entre estas duas igrejas: a igreja primitiva mudou o mundo de então e o mundo de hoje muda a igreja. Tudo por falta de conhecimento espiritual.

O JEJUM QUE AGRADA A DEUS

"Seria este o jejum que eu escolheria, que o homem um dia aflija a sua alma, que incline a sua cabeça como o junco, e estenda debaixo de si saco e cinza? Chamarias tu a isto jejum e dia aprazível ao SENHOR?

"Porventura não é este o jejum que escolhi, que soltes as ligaduras da impiedade, que desfaças as ataduras do jugo e que deixes livres os oprimidos, e despedaces todo o jugo?

"Porventura não é também que repartas o teu pão com o faminto, e recolhas em casa os pobres abandonados; e, quando vires o nu, o cubras, e não te escondas da tua carne?

"Então romperá a tua luz como a alva, e a tua cura apressadamente brotará, e a tua justiça irá adiante de ti, e a glória do SENHOR será a tua retaguarda.

"Então clamarás, e o SENHOR te responderá; gritarás, e ele dirá: Eis-me aqui. Se tirares do meio de ti o jugo, o estender do dedo, e o falar iniquamente".

ISAÍAS 58:5-9

Ligaduras da impiedade e ataduras da servidão são, originalmente, as mesmas obras da carne descritas em Gálatas 5:19:

"... adultério, prostituição, impureza, lascívia,

"Idolatria, feitiçaria, inimizades, porfias, emulações, iras, pelejas, dissensões, heresias,

"Invejas, homicídios, bebedices, glutonarias, e coisas semelhantes a estas..."

O diabo é sutil, vem como numa brincadeira, nos amarra inteiros com cada um dos frutos da carne até o ponto de não conseguirmos mais nos desatar (ligaduras da impiedade e ataduras da servidão).

Quando ameaçamos pegá-lo com nossa pseudo-autoridade (Mateus 28:18), ele sabe que já nos derrotou, nos imobilizou com nossa própria permissão.

"E, chegando-se Jesus, falou-lhes, dizendo: É-me dado todo o poder no céu e na terra".

MATEUS 28:18

As ligaduras da impiedade e as ataduras da servidão fazem com que sejamos sujeitos à servidão do pecado, mas, quando jejuarmos o jejum que Deus escolheu, aquele que não estamos fazendo para homens, Ele mesmo destrói todas as obras da carne e rompe todas as ligaduras da impiedade. Então a nossa cura brotará instantaneamente, nossas orações não serão mais motivo de deboche para o diabo, estaremos livres por dentro, não havendo mais nada que nos impeça de exercermos a verdadeira (não mais pseudo) autoridade que nos foi delegada para pisarmos cobras e escorpiões e mal algum nos sobrevir.

"Eis que vos dou poder para pisar serpentes e escorpiões, e toda a força do inimigo, e nada vos fará dano algum."

LUCAS 10:19

Seremos homens e mulheres livres nas nossas emoções, com poder de decisão para vivermos santificados e podermos dizer: "Deus agora somos livres para servir-te, posso gastar esse tempo livre com evangelização, oração e adoração, a ti". Quando isso ocorrer, a justiça de Deus irá adiante de nós e a glória dEle após nós, na nossa retaguarda. Podemos cuidar de muitas coisas à nossa frente, daquelas coisas que vemos e fazemos com nossas próprias forças, mas não podemos cuidar de tudo.

Temos que ter sempre conosco as duas consciências – a de Deus e a nossa. Mesmo que ninguém esteja conosco, nos vendo, Deus estará e só seremos livres no nosso emocional quando convivermos pacífica e diariamente com as duas.

Quando jejuamos, quando paramos de fazer certas coisas que nos tira da presença de Deus, estamos, de fato, num tempo de arrependimento e entrega. Ele estará trabalhando em nós e um grande avivamento pessoal estará vindo sobre a nossa vida, sobre a nossa chamada e ministério.

Quando nos entregarmos verdadeiramente a Deus, Ele mesmo destruirá tudo aquilo que nos prende.

Absolutamente nada nem ninguém poderá segurar-nos e a nossa chamada, a não ser nós mesmos.

CONCLUSÃO

A nossa luta não é contra a carne e o sangue e, sim, contra os espíritos malignos, como está escrito na Palavra de Deus. Não poderemos lutar contra eles com armas humanas, mas precisamos de armas espirituais e o jejum é uma delas.

> *"Porque não temos que lutar contra a carne e o sangue, mas, sim, contra os prin-cipados, contra as potestades, contra os príncipes das trevas deste século, contra as hostes espirituais da maldade, nos lugares celestiais".*

EFÉSIOS 6:12

A maioria das pessoas tem costume de jejuar quando o mal chega, quando as coisas começam a sair do controle. É a doença de um filho, a rebeldia de uma filha, o casamento destruido ou a necessidade de um emprego...

Esta não é a maneira correta de agir. Nós precisamos jejuar sempre, porque o jejum nos leva à dimenção de Deus.

É uma das armas mais poderosas para dominarmos nossa natureza pecaminosa, para disciplinarmos nossa vontade.

Quanto mais nós orarmos e jejuarmos, quanto mais formos sinceros e obedientes diante de Deus, mais receberemos porção de fé e autoridade.

Não faça nada por impulso ou entusiasmo, mas faça tudo por obediência.

E que Deus o abençoe, em nome de Jesus!